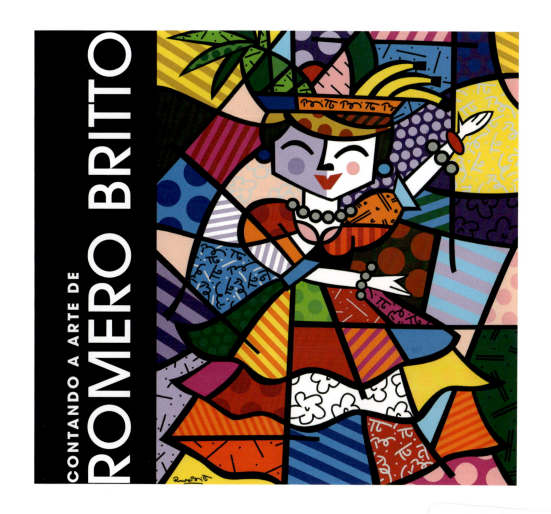

Copyright do texto © 2007 by Oscar D'Ambrosio
1ª edição, Noovha America, São Paulo 2007
2ª edição, Global Editora, São Paulo 2014
1ª Reimpressão, 2017

Jefferson L. Alves – diretor editorial
Flávio Samuel – gerente de produção
Erika Alonso – coordenadora editorial
Thaís Fernandes – assistente editorial
Esther O. Alcântara – revisão
Eduardo Okuno – projeto gráfico
Fotos do acervo do artista

Obra atualizada conforme o
NOVO ACORDO ORTOGRÁFICO DA LÍNGUA PORTUGUESA

CIP-Brasil. Catalogação na publicação
Sindicato nacional dos editores de livros, RJ

D163c
2. ed.

D'Ambrósio, Oscar
   Contando a arte de Romero Britto / Oscar D'Ambrósio. - 2. ed. - São Paulo : Global, 2014.
      il.

   ISBN 978-85-260-2041-2

   1. Britto, Romero, 1963-. 2. Artes plásticas - Brasil. 3. Arte moderna - Brasil I. Título.

14-10069
CDD: 701
CDU: 7.01

Direitos Reservados

global editora e distribuidora ltda.
Rua Pirapitingui, 111 – Liberdade
CEP 01508-020 – São Paulo – SP
Tel.: (11) 3277-7999 – Fax: (11) 3277-8141
e-mail: global@globaleditora.com.br
www.globaleditora.com.br

Colabore com a produção científica e cultural.
Proibida a reprodução total ou parcial desta obra sem a autorização do editor.

Nº de Catálogo: **3580**

ROMERO BRITTO

foto: David Siqueiros

A estética da vida

"Durante certo tempo, alguém pode ficar alegre consigo mesmo, mas, a longo prazo, a alegria deve ser compartilhada por duas pessoas." A frase do dramaturgo norueguês Ibsen (1828-1906), na boca do personagem Borgheim, no terceiro ato da peça O pequeno Eyolf, ilustra bem a capacidade de o pintor e escultor Romero Britto espalhar alegria pelo mundo, não só para duas pessoas, mas para o maior número possível delas.

Num universo desordenado, cada vez mais cinzento, em que a dor e o sofrimento de viver estão em cada esquina das grandes cidades, a estética de Romero Britto surge como um descanso para os olhos e como um sopro de vida para o coração. Suas cores vibrantes e justapostas, encaixadas como mosaicos, e seu desenho solto, assim como áreas demarcadas com espessos e bem definidos contornos negros, transmitem esperança.

VIDA BOA.
Acrílica sobre tela,
182 x 182 cm, 1990.
Coleção particular.

CACHORRO AZUL. Acrílica sobre tela, 122 x 122 cm, 2002. Coleção particular.

Infância

Nascido em Jaboatão dos Guararapes, próximo a Recife, Estado de Pernambuco, em 6 de outubro de 1963, Romero Britto é filho da dona de casa Maria de Lourdes e do funcionário público Rosemiro. Eles tiveram sete filhos e duas filhas. Como seus irmãos mais velhos vendiam livros para ganhar dinheiro, gostava de ver as enciclopédias de arte. Também adorava ir à escola, porque sempre queria saber mais a respeito de tudo.

Afilhado de batismo de Gilberto Freyre, autor de *Casa-grande & senzala*, Romero Britto começou a desenhar aos 8 anos. Dava vazão ao seu mundo de fantasia. Criava, nos papéis que tinha à mão, pinturas

Alexandre Britto (sobrinho), Lourdes Santos (mãe), Romero Britto, Neide Britto (cunhada), Felipe Britto (sobrinho), Ana Carolina Britto (sobrinha), Roberta Britto (irmã) e Rômulo Britto (irmão).

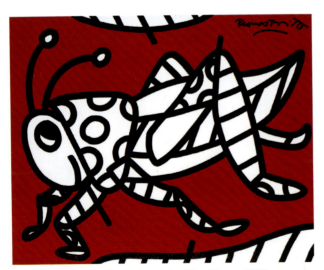

GAFANHOTO. Acrílica sobre tela, 28 x 36 cm, 2002. Coleção particular.

Jaboatão dos Guararapes

Município brasileiro do Estado de Pernambuco, Jaboatão dos Guararapes ocupa uma área de 257,3 quilômetros quadrados e tem uma população de aproximadamente 650 mil habitantes. Fundado em 4 de maio de 1593, por Bento Luiz Figueira, foi palco de duas grandes batalhas dos portugueses contra os holandeses, em 1648 e 1649.

Em 1873, o povoado passou à categoria de vila e, em 1884, ao ser desmembrado do território de Olinda, foi elevado à categoria de cidade. O nome Jaboatão vem do termo indígena yapoatan, árvore comum na região, usada para fabricar mastros e embarcações. A partir de 1989, passou a ser chamada de Jaboatão dos Guararapes, em homenagem ao local das batalhas históricas, os Montes Guararapes.

Gilberto Freyre

Sociólogo, antropólogo e escritor pernambucano, Gilberto Freyre (1900-1987) teve seu primeiro contato com a literatura pelo livro As viagens de Gulliver, de Jonathan Swift. Tinha dificuldade em ler e escrever, destacando-se como desenhista. Teve aulas com o pintor Telles Júnior e aprendeu as primeiras letras em inglês. Posteriormente, estudou na Universidade de Colúmbia, nos EUA, onde conheceu o antropólogo Franz Boas, sua principal referência intelectual. Seu primeiro e mais importante livro é *Casa-grande & senzala*, publicado em 1933.

Romero Britto em lançamento de livro do sociólogo Gilberto Freire.

VACA BOA. Acrílica sobre tela, 50 x 40 cm, 2002. Coleção particular.

de dias alegres, sóis brilhantes e animais. Praticava as mais diferentes técnicas, como aquarela, bico de pena e pintura a dedo.

Gostava de pintar em sucata, papelão e jornal e encontrou apoio da família para desenvolver a sua criatividade. Eles lhe davam livros que utilizava para estudar, copiando, por exemplo, imagens de Toulouse-Lautrec, entre outros mestres da pintura. Foi o irmão mais velho quem o presenteou com os primeiros pincéis, com a condição de que continuasse a estudar.

A alegria sempre o acompanhou. Nunca fez uma arte socialmente atormentada ou ressentida. Embora a infância fosse pobre, pintava sempre de alto-astral no quintal de sua casa. A primeira vez que mostrou publicamente seu trabalho foi aos 14 anos. E conseguiu que ele fosse adquirido pela Organização dos Estados Americanos.

Mas isso não era garantia de sucesso. Vindo de uma família humilde, viu muita miséria e sofrimento, e já nessa altura decidiu que, por meio da pintura, traria luz e cor para a sua vida. Não imaginava ainda ter as artes plásticas como profissão, mas admirava os trabalhos de Francisco Brennand, espalhados em murais pela cidade de Recife.

Influenciado pelo ambiente, pintava imagens ligadas à natureza nordestina, como cajus. Depois, abandonou esses temas locais e passou a realizar uma arte que pode ser admirada por pessoas de todas as regiões do planeta, marcada pela alegria de viver e pelo colorido.

A vida era bem difícil para a família e, ao completar 15 anos, começou a pensar seriamente sobre o que faria no futuro. Ao fazer amizade com uma rica família inglesa que morava na sua rua, perto da praia, teve uma perspectiva ampliada do mundo. Percebeu que havia fronteiras a serem conhecidas bem além da realidade de Jaboatão dos Guararapes ou mesmo de Recife.

Por intermédio daquela família, cuja casa tinha um belo jardim e que o incentivava a desenvolver-se nos estudos e na arte, Romero, que até então havia estudado em escolas públicas, conseguiu uma bolsa de estudos para frequentar o Colégio Marista,

Roberta Britto (irmã), Risoleta Britto (irmã), Romero Britto e Lourdes Santos (mãe).

Francisco Brennand

Nascido em 11 de junho de 1927, o artista plástico Francisco de Paula de Almeida Brennand, conhecido como Francisco Brennand, desenvolve um importante trabalho em diversos suportes, principalmente a cerâmica. Suas obras apresentam seres abstratos, símbolos sensuais e partes do corpo feminino.

No seu ateliê, localizado no bairro da Várzea, em Recife, Estado de Pernambuco, há numerosas peças. Seu trabalho está espalhado pelo mundo e pelo Brasil, em lugares públicos, como o Aeroporto Internacional dos Guararapes, em Recife, e o Parque das Esculturas, no bairro do Recife Antigo.

UM DIA NOVO. Acrílica sobre tela, 51 x 69 cm, 2001. Coleção particular.

excelente colégio particular, onde conheceu pessoas que o ajudaram muito e que lhe propiciaram uma nova visão de mundo.

Aprendeu que sempre deveria rodear-se de pessoas boas para fazer o melhor possível e que era necessário ter muita disposição e força de vontade para vencer na vida. Graças a uma nova bolsa, aos 17 anos, ingressou no curso de Direito da Universidade Católica de Pernambuco. Queria ser diplomata ou embaixador, mas não chegou a terminar a graduação.

Rômulo e Romero Britto, na praia de Jaboatão dos Guararapes.

ANJO. Acrílica sobre tela, 122 x 122 cm, 1994. Coleção particular.

Viagens

Britto queria conhecer outros lugares e, em 1986, ainda matriculado no curso, viajou para Londres com o objetivo de visitar culturas diferentes e ver de perto as obras maravilhosas que até então só folheava nos livros. Durante aproximadamente um ano pintou e exibiu seus trabalhos em vários países, como Espanha, Inglaterra e Alemanha, sempre ajudado pelos contatos que havia feito por meio de cartas antes de sair do Brasil e graças a indicações da família inglesa que fora sua vizinha.

GATA MONA.
Acrílica sobre tela,
102 x 81 cm, 2004.
Coleção particular.

VÊNUS NOVA.
Acrílica sobre tela,
122 x 92 cm, 2002.
Coleção particular.

ADOLESCENTE LONDRINA. Acrílica sobre tela,
122 x 153 cm, 1995. Coleção particular.

Miami

Cidade do Estado norte-americano da Flórida, Miami tem 382.894 habitantes, embora sua região metropolitana possua 2,1 milhões de habitantes, chegando a 5 milhões se contados os condados vizinhos de Broward e Palm Beach. A atual cidade tem origem numa povoação criada no fim do século XIX, que prosperou com a ferrovia e o porto.

A cidade é um centro turístico por causa de seu clima quente durante todo o ano e por suas praias. É falado comumente na cidade, além do inglês, o espanhol, devido à quantidade de hispano-americanos (de origem cubana, porto-riquenha, mexicana e de outros países da América Central) morando em Miami.

Encontrou então novas perspectivas para a sua arte, visitando inúmeros museus e galerias. Quando retornou ao Brasil, o desejo de conhecer outros países já o havia contaminado. Sua motivação era viajar e mostrar a sua arte. Desistiu, então, após três semestres, do curso de Direito. Foi uma decisão muito difícil, mas preferiu, em 1990, continuar em sua jornada pelo mundo. Foi visitar um amigo de infância, Leonardo Conte, que estava estudando inglês na Universidade de Miami, nos EUA.

Leonardo morava com mais dois irmãos e uma garota. Britto instalou-se ali, mas tinha dificuldades para se manter, pois estava sem dinheiro e já havia vendido seus trabalhos na Europa. Tentou ampliar seus contatos, para não ficar restrito àquele mundo de estudantes, com pouco dinheiro e, portanto, sem condições de comprar trabalhos de um artista plástico.

RENASCER AMERICANO.
Acrílica sobre tela, 60 x 76 cm, 2001.
Coleção particular.

SEM TÍTULO.
Acrílica sobre tela,
76 x 61 cm, 2004.
Coleção particular.

Mesmo assim, a empatia com o modo de vida norte-americano foi imediata. Por um lado, a diversidade cultural e a paisagem de Miami, com o Sol e a praia, fizeram que se lembrasse do Brasil; por outro, vislumbrou que estava agora numa terra de oportunidades a serem exploradas. Ficou tão apaixonado pelo local, que tornou a cidade sua residência até hoje.

A vida nos EUA, porém, não foi fácil. Trabalhou como pintor de paredes, atendente em lanchonete e em lava rápido, ajudante de jardineiro e caixa de loja. Fez muitos amigos e conheceu sua esposa, Cheryl Ann, com quem teve um filho, Brendan.

SEM TÍTULO.
Acrílica sobre tela,
36 x 28 cm, 2006.
Coleção particular.

CHERYL NUA.
Acrílica sobre tela,
122 x 153 cm, 1995.
Coleção particular.

FIM DA INOCÊNCIA.
Acrílica sobre tela,
153 x 122 cm, 2001.
Coleção particular.

VISÃO DE CHERYL. Acrílica sobre tela, 122 x 153 cm, 2002. Coleção particular.

Britto sempre gostara de cores, mas no início tinha um traço mais primitivo, mais simples. Pintava com aquarela e fazia muitos desenhos em preto e branco. Sua obra tomou forma quando foi morar nos EUA. Passou a adotar cores mais vibrantes, mas raramente as mistura. Prefere usar as cores puras, respeitando a identidade de cada uma delas.

Enquanto vendia sanduíches e desempenhava outras tarefas, como cuidar de jardins, começou a procurar galerias que aceitassem artistas jovens. Mas isso não era fácil, pois elas sempre procuram artistas prontos. Enquanto não tinha sucesso, mostrava seu trabalho, e o fazia, para os amigos do Colégio Marista ou nas ruas de Recife nas calçadas de Coconut Grove, na Flórida, uma área bem artística e muito movimentada de Miami.

Com muito esforço, conseguiu expor algumas obras na Steiner Gallery, administrada por Berenice Steiner e Robyn Tauber, em Bal Harbour, também na Flórida. Continuou também mostrando sua arte em Coconut Grove.

FLOREIRO.
Acrílica sobre tela,
122 x 122 cm, 2002.
Coleção particular.

Sua obra consistia basicamente em muitos retratos de pessoas imaginárias em pastel oleoso sobre jornal. Fez ainda muitos trabalhos em colagens. Certa vez, um casal comprou uma obra e pediu outras. Eles marcaram de encontrar-se com Britto num restaurante, mas nunca apareceram.

Como ele havia escolhido o local por ser perto de uma galeria com a qual gostaria de trabalhar, foi até lá com o portfólio. Deixou as obras com o sr. Mato, proprietário do espaço, que as viu e apreciou muito, passando a vender as obras de Britto. Os preços eram baixos, pois o local era muito mais voltado para a decoração que para a arte.

CAFÉ GRANDE. Acrílica sobre tela, 102 x 102 cm, 2001. Coleção particular.

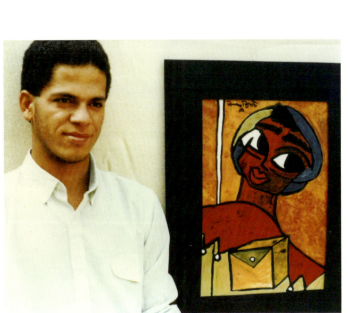

ROMERO BRITTO, com trabalho do início da carreira.

Parceria

Romero estabeleceu uma parceria com o sr. Mato, proprietário dessa rede de lojas que vendia móveis artísticos em Coral Gables, Coconut Grove e Bayside Marketplace, em Miami. Elas começaram a vender suas obras e o sr. Mato, entusiasmado, decidiu permitir que Romero ocupasse, com suas telas, uma loja que alugava em Mayfair Shops, em Coconut Grove.

A loja seria fechada em breve, mas Britto não perdeu a oportunidade de mostrar o seu trabalho e o de outros artistas. O problema é que o local, antes de ser destinado a quadros e objetos de arte, era um salão de beleza, e o sr. Mato não queria investir na retirada dos equipamentos que ali estavam.

Romero não se intimidou e passou a mostrar seus quadros, com muita criatividade, nesse ambiente incomum. A experiência foi tão boa, que o sr. Mato ofereceu a Romero a possibilidade de administrar a loja até o término do período de locação. Após quatro meses, Romero assumiu financeiramente a locação e manteve ali seu estúdio durante seis anos, vendendo trabalhos e pagando porcentagens ao sr. Mato.

A oportunidade marcou uma virada na vida do jovem artista. Assim surgiu o que viria a ser o estúdio de Romero Britto. Quando percebeu que o sr. Mato não iria investir nele, desfez a sociedade e mudou-se para Miami Beach, procurando dar um impulso maior à sua carreira.

SEM TÍTULO. Acrílica sobre tela, 81 x 102 cm, 1994. Coleção particular.

SEM TÍTULO. Acrílica sobre tela, 102 x 81 cm, 1995. Coleção particular.

SEM TÍTULO. Acrílica sobre tela, 61 x 77 cm, 1992. Coleção particular.

Campanha publicitária

Foi, porém, ainda na Mayfair Shops que o casal sueco Michel Roux, então diretor-presidente da Absolut Vodka, e sua esposa, em 1987, em férias em Miami, entrou no espaço administrado por Britto. Esse encontro mudaria toda a vida do artista.

Curiosos sobre o trabalho e a vida daquele jovem artista, eles perguntaram quem ele era e de onde vinha. Britto, sempre disposto a aprender e a retirar o máximo de cada experiência, contou suas viagens e que tinha conhecido a princesa Christina, da Suécia, filha do rei Gustavo com a rainha Silvia, nascida no Brasil.

Meses depois, recebeu uma ligação do escritório da Absolut Vodka nos EUA, dizendo que Michel, defensor do conceito de que arte e publicidade devem caminhar juntas, tivera a ideia de convidá-lo para fazer três desenhos para uma campanha. A empresa já havia trabalhado com imagens dos artistas pop Andy Warhol, Keith Haring, Kenny Scharf e Ed Ruscha, todos eles já muito conhecidos antes da campanha.

MUITO FELIZ. Acrílica sobre tela, 183 x 183 cm, 2006. Coleção particular.

Romero Britto e a princesa Christina, da Suécia.

RAY. Acrílica sobre tela, 102 x 81 cm, 1992. Coleção particular.

A concepção da quinta ação publicitária era então fazer o inverso, ou seja, associar o nome do produto a um jovem talento. A campanha demorou dois anos para sair, o que ocorreu em 1989, mas a divulgação foi impressionante, pois os anúncios publicitários apareceram, ao mesmo tempo, nas 62 revistas mais importantes dos EUA, sendo vistos por milhares de pessoas em todo o mundo.

Britto reconhece que esse foi o grande salto de sua carreira e a melhor coisa que lhe aconteceu profissionalmente, apenas comparável, no plano pessoal, à alegria de ter um filho, Brendan, hoje adulto, que qualifica como uma pessoa do Renascimento, por ter excelente memória visual e gostar igualmente de esportes, artes e tecnologia.

FLORES PARA VOCÊ. Acrílica sobre tela, 182 x 182 cm, 1992. Coleção particular.

BRENDAN E EU.
Acrílica sobre tela,
122 x 122 cm, 1995.
Coleção particular.

TEMPO DE PRIMAVERA. Acrílica sobre tela, 122 x 90 cm, 2005. Coleção particular.

O curioso é que a vodca sueca conseguiu espaço no mercado de bebidas graças a essa estratégia de associar o seu nome à *Pop Art*. Ela era sueca e tinha uma garrafa com *design* redondo e "desengonçado" para concorrer com a tradição russa e as embalagens convencionais e clássicas.

Britto, que até então conseguia sobreviver com mil dólares mensais obtidos com a venda de trabalhos, somados a bicos de jardineiro e lavador de automóveis, teve então seu nome correndo pelo mundo. Fez, em 1997, uma releitura do Mickey e de outros personagens da Disney; em 1995, idealizou uma coleção reproduzida em 1,5 milhão de latas do refrigerante Pepsi-Cola; criou, ainda, rótulos para o vinho Beaujolais Nouveau e pintou um Mini Cooper, da BMW.

MOÇA COM CABELO FLORIDO. Acrílica sobre tela, 122 x 122 cm, 2005. Coleção particular.

A IBM, entre outras empresas, contou com desenhos e pinturas de Romero em seus projetos especiais. No Brasil, camisetas da Hering, louças da Vista Alegre e latas do panetone Bauducco também têm desenhos ou pinturas criados por Romero Britto.

Em 1998, ele projetou uma escultura com 21 metros de altura para o Shopping Dadeland Station, em Miami, cuja construção foi inaugurada em 2000. Em 1999, foi o responsável pelo visual do Festival de Jazz de Montreux, na Suíça, ampliando seu mercado para a Europa.

A obra de Romero chamou a atenção dessas e de outras empresas por trabalhar com formas geométricas, corações e animais, sempre em tons bem vivos. Isso também levou diversos estilistas a inspirar coleções em seus trabalhos. No Brasil, a grife de moda praia Rosa Chá lançou biquínis com estampas baseadas em dois desenhos do artista, e a Grendene escolheu-o para desenvolver uma linha de sandálias da Melissa. No exterior, a norte-americana Nicole Miller e os italianos Enrico Coveri e Gai Mattiolo criaram roupas e acessórios baseados em imagens do brasileiro.

ABRAÇOS.
Acrílica sobre tela,
61 x 122 cm, 2006.
Coleção particular.

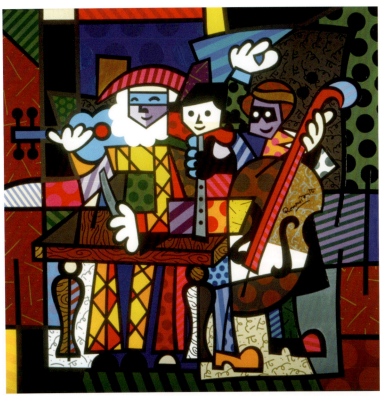

SENSAÇÃO ESPANHOLA. Acrílica sobre tela, 183 x 183 cm, 1999. Coleção particular.

Colecionador de artistas como Picasso, Matisse, Andy Warhol, Alfredo Volpi e Cláudio Tozzi, Britto conta, em Miami, onde mora, com uma grande equipe, que produz projetos e arte para todo o mundo. Consegue vender grande número de cópias por dia de reproduções gráficas de seus trabalhos, e alguns deles estão em espaços públicos, como um mural chamado *14-Bis*, em homenagem ao centenário do avião criado por Santos Dumont, desde 2006 no Aeroporto de Congonhas, na área destinada a abrigar o Serviço Regional de Proteção ao Voo de São Paulo (SRPV-SP).

Henri Matisse

Pintor, desenhista e escultor francês, Henri-Émile-Benoît Matisse (1869-1954), em 1890, assim como Britto, abandonou o Direito para dedicar-se à arte. Como a maioria dos artistas do movimento fauvista, rejeitava as variações de luminosidade que motivavam os impressionistas e usava a cor como fator principal da pintura.

Levou esse princípio às últimas consequências, sendo considerado um dos principais artistas do século XX. Gostava de repetir motivos, de usar formas curvas e de dar cores arbitrárias ao mundo real, criando relações surpreendentes entre os objetos e as pessoas.

Andy Warhol

Pintor e cineasta norte-americano e a figura mais importante do movimento conhecido como *Pop Art*, Andy Warhol (1928-1987) começou a pintar, nos anos 1970, produtos norte-americanos famosos, como latas de sopa Campbell's e de Coca-Cola, ou ícones de popularidade, como Marilyn Monroe.

Criou a expressão "um dia, todos terão direito a 15 minutos de fama", ao comentar obras próprias baseadas em acidentes automobilísticos, antevendo a produção cultural totalmente massificada, em que a arte se tornou apenas mais um produto, sendo necessário criar constantemente novidades para sobreviver no mercado.

Causas sociais

Coerente com sua origem humilde, Romero, com seu êxito profissional, tem-se dedicado a diversas causas filantrópicas, principalmente voltadas para a educação e a formação de jovens. Com suas imagens, favorece diversas campanhas para arrecadação de fundos para importantes organizações em diversos países.

Sua arte é constantemente requisitada no mundo inteiro para projetos beneficentes e para campanhas de publicidade. Sua obra vem sendo usada, ainda, em embalagens, na moda e em carros. Por isso, alguns acreditam que, de certo modo, ele, com cerca de 5 mil telas espalhadas por 70 países, tenha reinventado a *Pop Art*.

CACHORRO AQUÁTICO.
Acrílica sobre tela,
69 x 56 cm, 2005.
Coleção particular.

Pop Art

A *Pop Art* é um estilo artístico que surgiu no final dos anos 1950 e baseia-se no reaproveitamento de imagens populares e de consumo ligadas ao mundo da publicidade. Movimento principalmente norte-americano e britânico, sua denominação foi empregada pela primeira vez em 1954, pelo crítico inglês Lawrence Alloway, para designar os produtos da cultura popular da civilização ocidental. Destacam-se artistas como Andy Warhol (1928-1987), Robert Rauschenberg (1925), Roy Lichtenstein (1923-1997) e Keith Haring (1958-1990).

Com raízes no Dadaísmo de Marcel Duchamp, a *Pop Art* começou a tomar forma no fim da década de 1950, quando alguns artistas, após estudar os símbolos e produtos do mundo da propaganda nos EUA, passaram a transformá-los em tema de suas obras. Eles representavam componentes da cultura popular de poderosa influência na vida cotidiana na segunda metade do século XX, como ídolos da televisão, da fotografia, dos quadrinhos, do cinema – Marilyn Monroe, por exemplo – e da publicidade.

TULIPA VERMELHA. Acrílica sobre tela, 77 x 102 cm, 2006. Coleção particular.

Para Britto, porém, quando uma pintura está num museu privado, numa galeria de arte ou numa coleção particular, o acesso é mais restrito; no entanto, se um quadro ou escultura está num local público, num parque ou *shopping center*, essa obra pode ser apreciada por mais pessoas que gostam de arte, não importando a sua religião, raça ou condição social.

Esse pensamento leva-o a participar de diversas campanhas. Em 2007, por exemplo, o piloto da Fórmula Indy, Vitor Meira, da equipe Panther, disputou o GP de Iowa com uma pintura de Britto no capacete. Após a prova, ele foi leiloado, com renda revertida para a Organização Não Governamental (ONG) Best Buddies, que ajuda pessoas com deficiências mentais.

Suas áreas de atuação são as mais variadas. Também em 2007, com o objetivo de promover a Art Chicago, a maior exposição de arte moderna e contemporânea dos Estados Unidos, a Audi encomendou a Britto uma versão personalizada do esportivo RS4. Após a mostra, o carro foi exposto em outras cidades e, em South Beach, Miami, foi leiloado para fins filantrópicos.

MUITO BEM. Acrílica sobre tela, 56 x 71 cm, 2005. Coleção particular.

Educação

Britto valoriza a educação acima de todas as coisas. Realiza trabalhos assistenciais para a World Education Foundation e acredita que o conhecimento mais amplo do mundo é o melhor caminho para gerar mais possibilidades de cada indivíduo fazer o melhor por si mesmo e por sua família, ajudando cada um a pensar mais antes de fazer qualquer coisa errada.

CASA PODEROSA.
Acrílica sobre tela,
153 x 122 cm, 2002.
Coleção particular.

Obras pelo mundo

Romero realizou exposições nos mais diversos locais do planeta, como Paris, Tóquio, Londres, Madri, Roma e Nova York. Suas obras são representadas por 120 galerias em todo o mundo e seus quadros estão em museus e em coleções particulares.

As telas, que chegam a valer US$ 120 mil, decoram a casa de celebridades como o ator e político Arnold Schwarzenegger, seu maior colecionador, com 14 trabalhos, a cantora Madonna, o ex-presidente dos EUA, Bill Clinton, o ex-presidente da Argentina, Carlos Menem, o político norte-americano Ted Kennedy, o ex-tenista Andre Agassi, o ex-jogador de basquete Michael Jordan, a apresentadora de televisão Xuxa, Paloma Picasso, filha de Pablo Picasso, o ex-pugilista Mike Tyson, o ator Sylvester Stallone, o ex-jogador de futebol Pelé e a modelo Cindy Crawford, entre muitos outros.

Ele não recusa pedidos de trabalhos e estima que 80% do que produz hoje é feito à base de encomenda. Isso inclui desde retratos das cantoras Gloria Estefan e Whitney Houston a selos para as Nações Unidas. Além disso, está tão bem ambientado nos EUA, que foi o único artista brasileiro a participar da Cow Parade, evento que, em 2000, espalhou 500 esculturas de vacas em tamanho natural pelas ruas de Nova York.

Em 2007, teve a honra de ter imagens de suas pinturas usadas como cenário do célebre Cirque du Soleil, que fez uma breve apresentação antes do Super Bowl, a final do campeonato de futebol norte-americano, evento que tem a maior audiência anual da televisão dos EUA.

LUA AMARELA.
Acrílica sobre tela,
203 x 153 cm, 1991.
Coleção particular.

CARMEN.
Acrílica sobre tela,
102 x 76 cm, 1991.
Coleção particular.

FAMÍLIA SINAI. Acrílica sobre tela, 335 x 518 cm, 2001. Coleção particular.

Estúdio no Brasil

Após ver a sua carreira consolidada no exterior, Britto sentiu a necessidade de ter um espaço no Brasil onde pudesse mostrar o seu trabalho. Abriu, então, em 2002, na Rua Oscar Freire, no bairro dos Jardins, a Britto Central de São Paulo. Guardadas as diferenças da arquitetura do local, a galeria é uma réplica e uma extensão da Britto Central de Miami, estúdio-ateliê que ele tem, desde 1992, no número 818 da Lincoln Road, em South Beach, Miami, Flórida.

CORES DO BRASIL.
Acrílica sobre tela,
203 x 244 cm, 1998.
Coleção particular.

Futuro

Romero Britto recebeu o título de "Doutor Honoris Causa" pelo International Fine Arts College, uma das mais conceituadas escolas de arte dos Estados Unidos. Mas isso não o levou a ficar estagnado. O dever de todo artista plástico é experimentar sempre. Por isso, em alguns de seus trabalhos mais recentes, está injetando cor nas linhas que demarcam as formas, antes sempre negras e sólidas.

Além disso, os quadros, que antes mostravam uma única figura como elemento central, passaram

FLORES DO AMOR.
Acrílica sobre tela,
203 x 244 cm, 1998.
Coleção particular.

PROFUNDAMENTE APAIXONADO. Acrílica sobre tela, 122 x 153 cm, 1998. Coleção particular.

a incorporar diversas imagens e as cores passaram a ser um pouco menos brilhantes, interagindo com as mais suaves. Trata-se de um processo gradual, que ocorre sem pressa, ao longo do desenvolvimento da obra do artista.

Também acontece a incorporação de vários suportes. Há um número maior de telas, mas o uso de papéis coloridos, papel-cartão e tecidos enriquece a produção do artista, que realiza ainda gravuras, desenhos e esculturas e tem investido em projetos ligados à moda.

O envolvimento com estilistas e com a moda também o levou a experimentar a pintura em veludo. Britto adora essas experiências, mas acredita que o público em geral dá preferência às telas e que somente colecionadores mais requintados apreciam outros tipos de suporte.

Uma marca registrada de seu trabalho surgiu por acaso. Ao fazer, como presente para Michel, da Absolut Vodka, em 1987, uma garrafa toda pintada com a sua assinatura, teve tamanho sucesso que começou a utilizar esse recurso em diversas telas. Chegou inclusive a pintar uma parede inteira somente com assinaturas.

PAISAGEM DE NÓS.
Acrílica sobre tela, 203 x 183 cm, 1998.
Coleção particular.

PAREDE DO BRITTO. Acrílica sobre tela, 182 x 182 cm, 1995. Coleção particular.

Alegria de viver

Os temas de Romero Britto integram o dia a dia de qualquer pessoa. São céus cheios de estrelas, árvores e imagens de devoção à natureza. A arte dele é a da alegria, do desejo de inspirar as pessoas a não registrar coisas terríveis ou mostrar cenas que choquem. Ele busca que a sua arte seja como a música, capaz de inspirar e sensibilizar os indivíduos para fazer coisas boas para si mesmos e para os outros.

Romero ama os odores e as cores fortes das plantas. Diz que, se não fosse pintor, seria jardineiro. Esse amor pelas tonalidades mais quentes explica inclusive sua fascinação pelo trabalho do artista francês Henri Matisse, embora também aprecie muito a ousadia do grande representante da *Pop Art*, Andy Warhol.

Para Britto, fazer bem-feito é fundamental. E exige investimento e trabalho. Sua estética, mesmo assim, não é para ser dissecada como um drama de Ibsen, mas para ser usufruída com prazer, como uma borboleta em pleno voo. Suas pinturas são como um Sol nascente. Proporcionam e multiplicam a alegria de viver e buscam mantê-la eterna.

Cada quadro, nesse contexto, é um pequeno, mas consistente, passo rumo ao desejo de ver um mundo melhor, marcado pelas cores vibrantes, pelos beijos nos rostos e pela vida em paz e harmonia de que o mundo contemporâneo, sisudo e imerso em mil e uma dificuldades, tanto precisa.

CARMEN MIRANDA. Acrílica sobre tela, 152 x 121 cm, 1999. Coleção particular.

O BEIJO. Acrílica sobre tela, 182 x 182 cm, 1990. Coleção particular.

Currículo

Principais exposições individuais

1997
American Art Company – Tacoma, Washington, EUA
Art UN – Chigasaki, Kanagawa Prefecture, Japão
Best Buddies Art Company – Miami Beach, Flórida
Galerie Blu – Birmingham, Michigan, EUA
Galleria Prova – Tóquio, Japão
Herman Krause – Colônia, Alemanha
Just Looking Gallery – San Obispo, Califórnia, EUA
New York Art Expo – Nova York, EUA
Newbury Fine Art – Boston, Massachusetts, EUA
Nuance Galleries – Tampa, EUA
Odakyu Museum – Tóquio, Japão
Star Gallery – Berna, Suíça
Sundook Art Galleries – Boca Raton, EUA
Suppan Fine Art – Viena, Áustria

1998
Art Space – Hong Kong, China
Barucci Gallery – St. Louis, Missouri, EUA
Disney Gallery – Nova York, EUA
Galerie Blu – Birminghan, Michigan, EUA
Galleria Prova – Tóquio, Japão
Herman Krause – Munique, Alemanha
Karen Jenkins Johnson – São Francisco, Califórnia, EUA
Kenneth Behm Gallery – Bellvue, Washington, EUA
Lavon Art Gallery – East Brunswick, Nova Jersey, EUA
Museo de Arte e Historia – San Juan, Porto Rico
Nan Miller Gallery – Rochester, Nova York, EUA
Nature Gallery – Tumon, Guam
Newbury Fine Art – Boston, Massachusetts, EUA
Pop International – Nova York, EUA
Sky Art – Knokke, Bélgica

1999
Art 21 – Las Vegas, EUA
Art Mode – Calgary, Canadá
Art Trend Graz – Vienna, Salzburgo, Áustria
Foxx Gallery – Zurique, Suíça
Liss Gallery – Toronto, Canadá
Nan Miller Gallery – Rochester, Nova York, EUA
New York Art Expo – Nova York, EUA
October Gallery – Londres, Inglaterra
Pop International – Nova York, EUA
Qualita Fine Art – Las Vegas, EUA
Sundook Art Gallery – Boca Raton, EUA

2000
Art Mode – Calgary, Canadá
Finelot London – Londres, Inglaterra
Gallery Richter – Berlim, Alemanha
Lavon Gallery – Morganville, EUA
Nan Miller Gallery – Rochester, Nova York, EUA

2002
Coral Springs Museum of Art – Coral Springs, EUA
CT Atlas Gallery – Chicago, Illinóis, EUA
Galerie Mensing – Berlim, Alemanha
Galerie Mensing – Hamburgo, Alemanha
Galerie Mensing – Hamm Rhynern, Alemanha
Nan Miller Gallery – Rochester, Nova York, EUA
New York Art Expo – Nova York, EUA
Opera Gallery – Singapura
Penn Yann Gallery – Penn Yann, EUA

2003
Galerie Mensing – Audi Event Germany Arte Vista
Nan Miller Gallery – Rochester, Nova York, EUA
New York Art Expo – Nova York, EUA
Opera Gallery – Nova York, EUA
The Pop Art Gallery – Badhoevedorp, Amsterdã, Holanda

2004
Arte Vista – Amsterdã, Holanda
Atlas Gallery – Chicago, Illinós, EUA
Enrico Coveri Showroom – Florença, Itália
Galerie Mensing – Alemanha
La Maison de L'Amerique Latine – Monte Carlo, Mônaco
New York Expo Art – Nova York, EUA
Sala Garzanti – Milão, Itália

2005
Shanghai Biennale – Shanghai, China
Galerie Ficher Rohr – Basel, Suíça
Galerie Mensing – Munique, Alemanha
Galerie Mensing – Berlim, Alemanha
Galerie Mensing – Hamm, Alemanha
Galerie Mensing – Dusseldorf, Alemanha
Galerie Mensing – Hamburgo, Alemanha
International Biennale of Contemporany Art – Florença, Itália
New York Art Expo – Nova York, EUA
Opera Gallery – Bal Harbour, Flórida, EUA
Opera Gallery – Nova York, EUA
Opera Gallery – Singapura
Opera Gallery – Paris, França

2007
Convidado para projetar duas pirâmides em homenagem ao retorno da múmia de Tutancâmon a Londres após 35 anos.

2008
Opera Gallery – Londres, Inglaterra
Kimhyunjoo Gallery – Seul, Coreia do Sul
Galerie Mensing – Berlim, Alemanha
Opera Gallery – Singapura
DDR Sculpture Tour – EUA

2009
Emirates Palace Hotel – Dubai, Emirados Árabes Unidos
Opera Gallery – Dubai, Emirados Árabes Unidos
Coral Springs Museum of Art – Miami, Flórida
Opera Gallery – Nova York, EUA
Galleria on 3rd – Nova York, EUA
Gallerie Mensing – Hamburgo, Alemanha
Galerie Mensing – Dusseldorf, Alemanha
Galerie Mensing – HammRhynem, Alemanha
Tratzberg Castle – Jenback, Áustria
VW Automobile Forum – Berlim, Alemanha
Audi Exhibit – Santiago, Chile
Opera Gallery – Singapura
Opera Gallery – Seul, Coreia do Sul

2010
Benemerita Universidad Autonoma de Puebla – Puebla, México
Galerie Mensing – Munique, Alemanha
Mercedes Benz Center – Munique, Alemanha
The Gallery – Cidade do México, México
Galerie Mensing – Berlim, Alemanha
Gallery Petrus – San Juan, Porto Rico
Opera Gallery – Hong Kong, China
The Gallery – Cidade do México, México
DGriss Fine Art – Panamá
Pop International Galleries Soho – Nova York, EUA

2011
Atlas Galerias – Chicago, EUA
Nan Miller Gallery – Nova York, EUA
Torrione Di Margherita Di Savoia – Margherita Di Savoia, Itália
Villa Bulfon – Velden, Áustria
Galleria Ca'D'Oro – Roma, Itália
Galleria Campari – Milão, Itália
Galerie Mensing – Konstanz, Alemanha
Galerie Mensing – Hamburgo, Alemanha
Galerie Mensing – Dusseldorf, Alemanha

Oscar D'Ambrosio

Jornalista, mestre em Artes pelo Instituto de Artes da Universidade Estadual Paulista (Unesp). É crítico de arte e integra a Associação Internacional de Críticos de Artes (Aica – Seção Brasil). Bacharel em Letras (Português e Inglês), é coordenador de imprensa da Assessoria de Comunicação e Imprensa da Unesp, pós-graduado em Literatura Dramática (ECA-USP) e publicou, entre outros, *Os pincéis de Deus: vida e obra do pintor Naïf Waldomiro de Deus* (Editora Unesp) e *Mito e símbolos em Macunaíma* (Editora Selinunte). Escreveu para a coleção Contando a arte, da Editora Noovha América, livros sobre os artistas plásticos Adélio Sarro, Bittencourt, Caciporé, CACosta, Cláudio Tozzi, Da Paz, Di Caribé, Estevão, Garrot, Gisele Ulisse, Gustavo Rosa, Jocelino Soares, Jonas Mesquita, Maroubo, Ranchinho, Rubens Matuck, Peticov, Sinval e Waldomiro de Deus.